DISCOURS

PRONONCÉ A LA

DISTRIBUTION DES PRIX

DU LYCÉE IMPÉRIAL DE NIMES

LE 7 AOUT 1867

PAR M. DURRANDE

Professeur de mathématiques spéciales.

NIMES
DE L'IMPRIMERIE CLAVEL-BALLIVET et Ce
42, RUE PRADIER, 42.

1867

DISCOURS

PRONONCÉ A LA

DISTRIBUTION DES PRIX

DU LYCÉE IMPÉRIAL DE NIMES,

LE 7 AOUT 1867

Par M. DURRANDE,

Professeur de mathématiques spéciales.

MESSIEURS,

Dans cette région montagneuse du Gard, enrichie de nos jours par l'industrie houillère, se trouve le hameau de Cessous, dépendant, je crois, de la commune de Portes et de l'arrondissement d'Alais ; c'est dans l'une des humbles cabanes qui le composent que naquit, le 28 octobre 1703 (1), Antoine Deparcieux, membre de l'Académie des sciences et de presque toutes les académies de l'Europe.

Retracer rapidement devant vous les luttes et la persévérance de cet illustre enfant du Gard, telle est la tâche, un peu lourde peut-être, que j'entreprends pour satisfaire à l'obligation dont

---

(1) L'année 1703 a vu naître aussi Léon Ménard, l'historien de la ville de Nimes.

l'Université ne dispense pas ceux mêmes qu'effraie un tel honneur. J'aime à espérer, messieurs, que votre indulgence pardonnera à ma faiblesse en faveur du but que je me suis proposé. Il m'a paru que c'était une chose bonne et utile de faire revivre, en un pareil jour, le souvenir d'un homme de bien qui, sorti des rangs les plus modestes de la société, parvint, à force de courage et d'énergie, à prendre place parmi les illustrations scientifiques du xviiie siècle. La vie du savant et modeste Deparcieux est une belle leçon de morale : je n'en saurais offrir une plus efficace à cette studieuse jeunesse qui m'entoure.

Né de pauvres cultivateurs (1), Antoine Deparcieux fut loin de connaître dans son enfance le bien-être et les doux loisirs que procure la fortune. Comme ses jeunes camarades du village, il dut garder le petit troupeau de son père, et c'est probablement durant les longues heures de solitude, en face de ces admirables paysages des bords du Gardon, si bien faits pour porter l'âme au recueillement et à la méditation, que son goût pour le calcul et les sciences d'observation commença à se développer. Sa précoce intelligence frappa le prêtre qui desservait la paroisse de Portes ; il se fit un plaisir de la cultiver pendant les moments de loisir que

---

(1) Grandjean de Fouchy, secrétaire perpétuel de l'Académie des sciences, successeur de Fontenelle dans la délicate mission d'écrire l'Histoire de l'Académie et de prononcer les éloges des Académiciens décédés, nous a laissé celui de Deparcieux (*Histoire de l'Académie*, 1769). Mais, sauf le lieu de sa naissance et l'humble condition de ses parents, il paraît n'avoir rien su de son enfance, presque rien de sa jeunesse. Heureusement, quelques traditions, pieusement conservées dans la famille de M. le chanoine C. Reboul, m'ont permis de combler des lacunes et de rétablir les faits les plus intéressants de la vie de Deparcieux. Je prie M. C. Reboul d'agréer l'expression de ma reconnaissance pour ses bienveillantes et utiles communications.

ramenait la fin des travaux. Il dut certainement lui enseigner les premières notions de la géométrie, car on s'expliquerait difficilement sans cela l'ardeur avec laquelle Deparcieux chercha à étendre ses connaissances mathématiques.

Cette ardeur, jeunes élèves, lui inspira une de ces résolutions héroïques que, seules, savent prendre les âmes fortement trempées. Trop pauvre pour aller demander des leçons aux maîtres renommés de l'époque ; trop pauvre même pour se procurer leurs ouvrages, il part pour Alais et va chercher des moyens d'existence dans une profession manuelle ; le futur académicien se fait... devinez quoi ?... apprenti tailleur. Certes, il lui fallait une force d'âme peu commune pour se détourner ainsi, même momentanément, d'études qu'il aimait déjà avec passion ; mais, avec un rare bon sens, il comprit que c'était pour lui le plus sûr moyen d'atteindre le but. En effet, messieurs, à peine est-il assez habile pour confectionner une robe de moine qu'il court frapper à la porte de la Chartreuse de Villeneuve-lès-Avignon ; et là, nouvel Amyot, il échange ses services manuels contre des leçons de mathématiques qu'un des Pères se chargea de lui donner. En peu de temps, le disciple a épuisé le savoir du maître ; il se rend à Lyon et continue ses études sous la direction d'un Père jésuite attaché au collège de cette ville. Là, encore, Deparcieux possède bientôt tout ce qu'on pouvait lui enseigner, et il comprend qu'à Paris seulement il pourra assouvir cette soif d'instruction qui le dévore.

La longueur du trajet à parcourir, le manque absolu de ressources, tous ces obstacles, capables d'arrêter une volonté moins énergique que la sienne, Deparcieux les surmonte. D'après l'historien de l'Académie, il eut le bonheur de rencontrer à Paris un savant du nom de Montcarville, qui, devinant ses éminentes facultés, voulut bien lui servir de guide dans ses études. Il le détourna de s'adonner à des recherches purement abstraites, et l'engagea à se livrer entièrement à l'étude des mathématiques appliquées.

L'auteur de l'éloge académique, très sobre de détails, ne nous apprend rien de plus sur cette rencontre qui paraît toute fortuite, et qui devait cependant décider de l'avenir de Deparcieux. La tradition nous fournit à ce sujet une version assez intéressante et d'ailleurs parfaitement vraisemblable. Deparcieux voulant, avant tout, s'instruire, et n'ayant cependant pas les moyens de vivre sans travailler, ne trouva rien de mieux que d'aliéner une seconde fois son indépendance ; après quelques recherches, il entra comme domestique au service d'un ingénieur qui n'est autre probablement que le personnage désigné tout à l'heure sous le nom de Montcarville. Cette position, qui aurait répugné à tout autre, devait être acceptée sans peine par le pauvre berger de Cessous ; ce n'est pas d'ailleurs le seul exemple de ce genre que nous offre la vie des savants ou des grands écrivains du siècle dernier. Deparcieux, désormais à l'abri du besoin, pouvait s'adonner à son goût pour l'étude ; la bibliothèque de son maître fournissait des aliments à son ardent désir d'apprendre, et sa vive intelligence s'appropriait rapidement les résultats des travaux scientifiques qu'il étudiait. Cependant il aurait pu rester longtemps dans cette condition d'infériorité sans une circonstance vraiment singulière. L'ingénieur préparait depuis quelque temps un projet relatif à une question d'hydraulique ; malheureusement, une petite difficulté de détail, dont la solution lui échappait, en arrêtait l'exécution. Deparcieux ne tarda pas à s'apercevoir de la préoccupation de son maître ; quelques mots échappés à ce dernier lui en firent promptement deviner la cause. Un jour, le plan de projet lui tombe sous la main (je n'oserais affirmer qu'il ne l'eût pas cherché); il l'examine, l'étudie, et, après quelques instants de méditation, il découvre la solution tant désirée ; aussitôt il vole auprès de son maître, lui avoue l'indiscrétion dont il s'est rendu coupable et lui fait part du résultat auquel il est parvenu. On devine sans peine la surprise du savant qui eut le bon esprit de reconnaître le mérite de son serviteur et qui ne le traita plus dès lors que comme son élève et son ami.

Cette tradition, tout à fait conforme aux antécédents de Deparcieux, a, en outre, le mérite de nous expliquer comment, débarrassé de toute préoccupation matérielle, il a pu, grâce aux livres qui lui avaient manqué jusqu'alors, et aux leçons d'un guide bienveillant et éclairé, devenir lui-même un savant et prendre part à ce mouvement scientifique et philosophique qui venait de succéder au mouvement littéraire du grand siècle.

Une fois parvenu au but de ses désirs, Deparcieux reprit possession de lui-même ; grâce aux indications de son savant protecteur, il pouvait tenter à son tour de défricher le champ de la science. Mais pour s'adonner à des recherches, il faut des loisirs, et les loisirs supposent l'aisance. Pour se créer des ressources, il donna d'abord des leçons de mathématiques ; puis, comme il avait particulièrement étudié la gnomonique, c'est-à-dire l'art de tracer des méridiennes, il construisit des cadrans solaires. On cite notamment de lui une belle méridienne tracée au Louvre pour le duc de Nevers. Une connaissance approfondie de la théorie jointe à une grande habileté de praticien, lui acquit une certaine réputation ; la juste rémunération de ses travaux et surtout la frugalité de sa vie éloignèrent de lui le besoin et lui permirent enfin de se livrer sans crainte à ses études de prédilection.

Des tables astronomiques, un traité de trigonométrie, suivi d'un traité de gnomonique et de tables de logarithmes, telles furent ses premières productions (1).

Très bien accueillies du public, elles attirèrent l'attention de la Société royale des sciences de Montpellier, qui s'empressa d'admettre Deparcieux parmi ses membres. Mais l'ouvrage qui fonda définitivement sa réputation et qui la perpétue encore aujourd'hui, c'est le *Traité sur les probabilités de la durée de la vie humaine* (2).

(1) Elles parurent en 1740 et 1741.
(2) Ce traité fut publié en 1746.

La théorie des probabilités qui a été l'objet des travaux des plus grands géomètres (1) a pour but de démêler la loi de succession de certains événements, ou du moins de déterminer le nombre des chances favorables ou défavorables à leur réalisation. Appliquée à la durée de la vie humaine, cette théorie se propose de résoudre une foule de questions intéressantes ; de rechercher, par exemple, quelle chance a une personne d'arriver à un âge donné, ou bien encore de fixer la durée de la vie probable ou celle de la vie moyenne. Il est évident que, pour répondre à ces questions, il faut pouvoir négliger les circonstances accidentelles qui font varier d'une manière imprévue la vie individuelle, ce à quoi l'on parvient en étendant les observations à un très grand nombre de personnes. Deparcieux, le premier en France, a établi, par des observations nombreuses et très bien dirigées, une loi de mortalité pour la classe moyenne, celle des rentiers. Ce sont ses tables (2) qui servent encore aujourd'hui de base aux opérations de jour en jour plus importantes des compagnies d'assurance sur la vie et des caisses de retraite pour la vieillesse.

Son traité renferme l'exposition rationnelle des principes qui l'ont guidé dans ses recherches ; et, chose remarquable! malgré l'aridité du sujet, on sent la bonté de son cœur se révéler dans les considérations morales et philosophiques qu'on y rencontre (3). Aussi cet ouvrage, composé en vue d'une question particulière (4), produisit-il une grande impression dans le monde savant et même parmi les gens de lettres ; je n'en veux pour preuve que le sou-

---

(1) Pascal, Condorcet, Laplace, etc.
(2) Voir *l'Annuaire du bureau des longitudes.*
(3) Telles sont les considérations sur la mortalité des enfants placés en nourrice, loin de leurs familles, question d'un haut intérêt et qui a fait, cette année même, au sénat, l'objet de doléances malheureusement trop justifiées.
(4) La réglementation des tontines.

venir consacré à Deparcieux par Voltaire dans son roman d'économie sociale : *L'homme aux quarante écus* (1).

L'Académie des sciences, qui comptait alors dans son sein Buffon, d'Alembert, Clairault, Condorcet, et une foule de savants et d'écrivains distingués, voulut, dès l'apparition du livre de Deparcieux, témoigner de son estime pour l'auteur en se l'attachant comme *géomètre adjoint*, à la place de d'Alembert nommé membre *associé* (2). Je vous laisse à penser, jeunes élèves, si le suffrage de la docte Compagnie dut dédommager le pauvre enfant de Cessous de ses héroïques efforts ! Ce qu'il y a de bien certain, c'est que cette suprême récompense excita encore son désir de pénétrer plus avant dans le domaine de la science.

Dès son entrée à l'Académie, Deparcieux s'adonna presque exclusivement à l'étude de la mécanique expérimentale. C'était un observateur plein de sagacité, plutôt qu'un géomètre (3), il était membre de toutes les commissions chargées d'examiner les machines soumises au jugement de l'Académie, et son opinion avait un tel poids que nul ne se croyait sûr d'avoir réussi avant qu'il eût donné son approbation.

Je me garderai bien d'analyser ici les nombreux travaux de Deparcieux ; cependant, il en est qui méritent une mention par-

---

(1) Dans cet ouvrage, Voltaire critique le mode d'établissement des impôts avant la révolution : l'un des interlocuteurs, le géomètre, auquel on donne le nom de *citoyen philosophe*, c'est Deparcieux ; ce sont ses calculs qui servent à démontrer l'iniquité de la répartition des charges qui pesaient presque exclusivement sur les bras qui cultivaient le sol et faisaient vivre la nation.

(2) Il fut nommé le 17 février 1746.

(3) Un seul de ses nombreux mémoires (*Histoire de l'Académie*, 1747) renferme quelques considérations géométriques ; il a pour objet la détermination de la courbure des excentriques à ondes destinés à remplacer les manivelles.

ticulière : ses expériences d'hydraulique l'ont conduit à des résultats remarquables. Il est le premier, je crois, qui ait reconnu que la meilleure manière d'utiliser la force d'une chute d'eau, c'est de faire agir le liquide par son poids, et non par le choc. Il démontra ensuite la supériorité des roues à augets sur les roues à aubes planes, et il fit voir que, pour chaque genre de moteur, il y a une vitesse correspondant au maximum d'effet produit.

La lecture du mémoire (1) qui contient ces résultats importants m'a fourni, en outre, le sujet d'une remarque qui a échappé à tous les biographes de Deparcieux, c'est que, longtemps avant le physicien anglais Atwood, il a imaginé un appareil assez ingénieux (2), destiné à faire connaitre la loi des espaces parcourus pendant les secondes successives de la chute des corps (3).

Je me hâte, pour ne pas fatiguer votre attention, de laisser de côté ces détails qui trouveraient mieux leur place dans une étude académique, et je reviens aux qualités éminentes de l'esprit et du cœur de Deparcieux.

Toute sa vie, il ne songea qu'au bonheur de ses semblables, et plusieurs de ses travaux ont été inspirés par le désir ardent

---

(1) *Histoire de l'Académie des sciences*, 1754.
(2) Voici en quoi consiste l'expérience de Deparcieux : un cordon reliant deux poids inégaux s'enroule sur une poulie rendue aussi mobile que possible ; à ce cordon est collé, du côté du poids le plus lourd, un ruban de papier ; un pendule à secondes, qu'un mécanisme met en mouvement au moment même où le poids commence à descendre, a une lentille munie d'un pinceau qui laisse une trace sur le ruban à chaque fin d'oscillation ; on a bien ainsi sur le ruban les espaces parcourus pendant chaque seconde (*Histoire de l'Académie des sciences*, 1754).
(3) Atwood est né en 1745.

qu'il avait de soulager les misères du peuple (1). L'illustre membre de l'Académie des sciences, des Académies de Berlin, de Stockholm, n'oublia jamais sa modeste origine. Il se rappela les difficultés qu'il avait dû vaincre, et, voulant donner aux enfants des villages voisins de Cessous les facilités dont il avait été privé, il fonda des prix en *bons livres* pour les meilleurs élèves des écoles de Portes et de Saint-Florent ; il fit venir auprès de lui deux de ses neveux qu'il initia aux études scientifiques, et l'un deux, Antoine Deparcieux le jeune, perpétua dignement le nom de son oncle par ses propres travaux (2).

La bonté de Deparcieux ne fut égalée que par son désintéressement ; il le poussa à un degré extrême. Je vous en citerai une preuve éclatante : Paris avait alors sa question des eaux, qui préoccupait vivement tout un peuple mal approvisionné. Nul n'était plus capable de la résoudre que Deparcieux, à qui ses travaux en hydraulique donnaient une haute compétence. Il se mit à l'œuvre avec ardeur et bientôt il proposait de faire arriver les eaux de la petite rivière d'Yvette sur l'un des points culminants de la capitale. Il fit lui-même toutes les études préliminaires, perfectionna un niveau dont il se servit pour les nivellements, obtint qu'une commission de la Faculté de médecine analysât les eaux de l'Yvette, et démontra enfin, dans deux mémoires qui provoquèrent les applaudissements de l'Académie, la possibilité d'amener les eaux à l'Estrapade.

Eh bien ! messieurs, tous ces longs et pénibles travaux furent exécutés sans aucune arrière-pensée d'intérêt. Deparcieux pro-

---

(1) Tel est le mémoire sur la débâcle des glaces, dans lequel il indique les moyens de prévenir les accidents et les désastres qui en résultent.

(2) Antoine Deparcieux le jeune, neveu de l'académicien, né en 1753, devint professeur de physique au Collège royal, puis professeur de mathématiques aux Ecoles centrales à Paris ; il mourut en 1799.

testa dans ses écrits contre toute idée d'en tirer un profit personnel. Pour des raisons qui me sont inconnues, ce projet ne fut pas exécuté ; le canal de l'Ourcq remplit plus tard le même but. Quoi qu'il en soit, le projet de Deparcieux restera comme une preuve du désintéressement auquel tous ses contemporains ont rendu hommage. On se prend à regretter que la ville de Nimes n'ait pas été à cette époque l'objet des pensées du savant académicien ; aujourd'hui, peut-être, elle n'aurait plus rien à envier aux grandes cités ses voisines.

Le désintéressement de Deparcieux est d'autant plus digne d'admiration que sa haute position scientifique ne l'avait nullement enrichi. Une place, la seule qu'il ait acceptée, celle de censeur royal pour les sciences, lui procurait un modeste traitement et le logement au Louvre ; cela suffisait à la médiocrité de ses désirs. Aussi ne laissa-t-il aux siens d'autre héritage que la gloire de son nom ; les bontés du roi durent subvenir aux frais d'éducation de ses neveux, et, naguère encore, un membre de cette famille était simple ouvrier mineur dans les houillères de l'arrondissement d'Alais.

Deparcieux termina, le 2 septembre 1768, à l'âge de soixante-cinq ans, une carrière si bien et si dignement remplie ; l'Académie venait de lui accorder tout récemment une nouvelle marque d'estime en le nommant pensionnaire. Rien ne saurait donner une plus haute idée des qualités de votre savant compatriote que les paroles suivantes qui terminent son éloge académique.

« Quoique naturellement assez vif, il était dans le commerce de la vie d'une douceur sans égale ; ami de la vérité, il osait la dire en toute occasion, même au risque de déplaire ; il était désintéressé plus qu'on ne peut se l'imaginer ; quelque borné que fût son état, il en était content et n'ambitionnait ni richesses ni fortune ; les louanges mêmes n'entraient pas dans le système de ses désirs, et il n'a jamais employé aucun de ces moyens détournés que l'amour-propre sait si bien prendre pour se les procurer : sa réputation était entièrement due à ses talents et à ses vertus. »

Qui de nous, jeunes élèves, ne voudrait mériter un pareil éloge? N'avais-je pas raison de vous dire que la vie de Deparcieux est une belle leçon dont vous garderez, j'en suis sûr, le souvenir ? Les magnifiques succès que vous avez obtenus dans les concours prouvent bien que, pour acquérir l'instruction littéraire ou scientifique, il n'est heureusement plus besoin aujourd'hui de recourir à ces moyens héroïques que nous admirons dans l'histoire de Deparcieux ; mais ce qu'il faudra toujours imiter en lui, c'est sa persévérance, c'est cette noblesse de sentiments sans laquelle on ne s'élève jamais au dessus de la foule des médiocrités ; c'est surtout cet admirable bon sens qui le guida dans les circonstances difficiles de sa vie. Tachez d'acquérir par l'étude et la réflexion ces qualités précieuses : seules, elles ne suffisent pas pour faire un homme de génie ; mais par elles on devient aisément un homme utile et par suite un homme honorable.

Et maintenant, messieurs, permettez-moi en terminant d'exprimer un regret : quoique la ville de Nimes n'ait pas donné le jour à Deparcieux, le centre intellectuel du département du Gard ne saurait répudier une gloire si pure. Cependant rien, pas même le nom d'une rue (1), ne rappelle dans l'antique cité, si jalouse de ses glorieux souvenirs, la mémoire du savant que toutes les académies de l'Europe se faisaient honneur de compter parmi

---

(1) La ville de Paris vient de donner le nom de Deparcieux à l'une des nouvelles rues voisines de l'Observatoire.

leurs membres (1). Sans doute, Deparcieux n'a pas laissé une trace bien profonde dans l'histoire de la science ; son nom ne rappelle aucun de ces grands principes d'analyse mathématique ou de mécanique rationnelle qui ont immortalisé Newton, Leibnitz, d'Alembert ou Lagrange ; l'industrie ne lui doit aucune de ces créations merveilleuses que notre siècle a eu le privilège de voir éclore, et cependant une seule partie de son œuvre, sa table de mortalité, à cause de son utilité pratique, de l'importance toujours croissante des opérations dont elle est la base, sauvera de l'oubli le nom de Deparcieux, en l'associant aux grandes entreprises modernes de philantropie et de prévoyance (2).

(1) Il est aisé de comprendre que Deparcieux n'ait pas eu de rapports avec l'Académie de Nimes. D'abord celle-ci avait, à son origine, un caractère exclusivement littéraire ; mais la meilleure raison, c'est que Deparcieux, comme Léon Ménard, naissait au moment où la première académie de 1682 tombait en dissolution. La seconde académie ne fut rétablie qu'en 1752.

(2) Deparcieux n'est pas le premier auteur d'une table de mortalité ; Halley en Angleterre, Kerseboom en Hollande l'avaient précédé dans ce genre de recherches, comme il l'indique lui-même dans son ouvrage. La *Revue des Deux-Mondes* a publié, dans le premier volume de 1867, un article relatif aux assurances sur la vie, où l'on trouvera une appréciation sur les résultats fournis par la table de Deparcieux.

Nimes, Clavel-Ballivet et Cⁱᵉ

www.ingramcontent.com/pod-product-compliance
Lightning Source LLC
Chambersburg PA
CBHW070535050426
42451CB00013B/3017